Redactie: Larry Iburg en Saskia Rossi
Omslagontwerp: Erik de Bruin, Enschede
Realisatie en druk: Rikken Print, Gendt

2e druk 2004

ISBN 90-76968-14-4

© 2003 Uitgeverij Ellessy, Postbus 30227, 6803 AE Arnhem

JAREN ZESTIG

(WWW-reeks; nr. 3)

Ton Vingerhoets

ʆ ELLESSY

Inhoudsopgave

Inleiding

Een spreekbeurt of een werkstuk voorbereiden, maken en presenteren: je ziet er behoorlijk tegenop. Het lijkt ontzettend veel werk, je weet niet of je het allemaal wel goed zult doen en vooral: hoe kom je aan een goed onderwerp? De serie 'Wij Willen Weten' kan je met dat laatste helpen. Er komen regelmatig van overal uit het land vragen naar informatie over bepaalde onderwerpen binnen. Daarvan kun je een toptien met de meest gevraagde onderwerpen maken. Dat hebben we dus gedaan, met 'Wij willen weten' als resultaat. Een handig hulpje om alle belangrijke gegevens over het onderwerp van je spreekbeurt of werkstuk aan de weet te komen.

Eén van de onderwerpen uit die toptien is de jaren zestig. Een roerige periode, waarin massacommunicatiemiddelen als kranten, tijdschriften, radio en vooral televisie enorm opkwamen. Een periode waarin de wereld werd ontsloten, waardoor muziek, literatuur, films en vooral ideeën zich wereldwijd konden verspreiden. Hoe die wereld kleiner werd, de verzuiling verdween, landen in snel tempo hun koloniën kwijtraakten, hoe de wedloop om de ruimte zich ontwikkelde, de oorlogen in Korea en Vietnam zich afspeelden en vooral: hoe de jeugd stormenderhand bezit nam van de straat en zelfs van de politiek, kortom: de belangrijkste gebeurtenissen uit de jaren zestig vind je in dit boekje.

We hopen dat je er veel aan zult hebben bij het voorbereiden van je werkstuk of spreekbeurt en dat je in de serie 'Wij Willen Weten' straks nog veel meer onderwerpen zult kunnen vinden. Voor een volgende keer dus.

De schrijver

1. HET ATOOMTIJDPERK IS VOORBIJ, DE JAREN ZESTIG BEGINNEN

Dág jaren vijftig!

Ze waren voorbij, de jaren vijftig. Het was een periode geweest waarin de wereld opkrabbelde na de Tweede Wereldoorlog, een periode van wederopbouw en herstel. Het waren de jaren van het atoomtijdperk, met het bijbehorende eenvoudige beeld van de wereld, dat we hier in het Westen nog hadden: de Amerikanen zijn goed, de Russen slecht. Die boodschap hoorde je dagelijks op de radio, zag je (toen nog in zwart-wit!) op de televisie, las je in de kranten. En mede doordat die media zo'n enorme invloed op het dagelijkse leven hadden, nam ook de internationale samenwerking toe. Er werd gewerkt aan het bedenken en oprichten van organisaties als de Benelux (afspraken tussen de landen België, Nederland en Luxemburg) en de EEG (Europese Economische Gemeenschap, tegenwoordig de EU: Europese Unie). En die samenwerking was ook hard nodig. Tot nu toe waren de diverse landen immers op zichzelf gebleven, daarbij vooral ook gesteund door de inkomsten van de producten uit hun koloniën. Maar die koloniën vielen langzamerhand weg en men móest wel samenwerking met andere landen zoeken. Zo werd de wereld kleiner. Het toerisme stak de kop op en zelfs de jeugd begon aan het einde van de jaren vijftig al voorzichtig zelfstandig op vakantie te gaan.

De armoede en ellende van de jaren veertig en het begin van de jaren vijftig waren vergeten. Met de meeste mensen ging het immers goed. Er ontstond zelfs weer een Nederlandse autoindustrie: het DAFje deed zijn intrede, een soort Nederlands Volkswagentje, ontworpen door de Brabantse gebroeders Van Doorne en uitgerust met een revolutionaire traploze 'versnelling': de Variomatic. En als de buren een DAF kochten, moest jij er ook een: 'Wat de buurman kan, moet ik ook kunnen'.

Ook de verzuiling begon te verdwijnen. Hoorde iedereen vroeger bij een bepaald kerkgenootschap, bij een bepaalde politieke richting, luisterde iedereen naar een bepaalde radiozender en ging iedereen naar een bepaalde school, die verschillen in rijkdom, geloof en achtergrond werden steeds minder belangrijk. Ze lazen allemaal zo'n beetje dezelfde bladen en bekeken en beluisterden allemaal zo'n beetje dezelfde programma's op televisie en radio. Werd *De Volkskrant* vroeger alleen door katholieken gelezen en *Trouw* door protestanten, dat deed nu niet zo erg meer terzake. Het beeld van gelovig Nederland vervaagde aan het eind van de jaren vijftig, begin jaren zestig.

Rock 'n' roll

En de welvaart nam dus toe. Er kwamen nieuwe materialen en voorwerpen, meestal overgewaaid van Grote Broer Amerika. Plastic deed zijn intrede en daarmee allerlei gebruiksvoorwerpen die van dit nieuwe materiaal werden gemaakt. Er kwamen ook nylon dameskousen en nylon ritssluitingen, weer een nieuwe soort 'kunststof', zoals die materialen werden genoemd. Grammofoonplaten werden voortaan van kunststof vervaardigd, in plaats van de vroegere schellak (een harde soort hars, erg breekbaar). De eerste ballpoints en transistorradio's verschenen gedurende de jaren vijftig. De spijkerbroeken kwamen in het straatbeeld, allemaal afkomstig van over de oceaan en gretig door jongeren geaccepteerd. Filmsterren werden idolen, grammofoonplaten waren te kust en te keur te koop. De jeugd ging kauwgom kauwen, droeg leren jacks en liet het haar in vetkuiven kappen.

10

En met de steeds belangrijker wordende rol van de jeugd kwam ook de rock 'n' roll ons land binnen. Muziek uit de States, van mensen als Bill Haley and his Comets, van Jerry Lee Lewis, met zijn woeste pianoriedels, van Elvis Presley met zijn schokkende heupen, waardoor hij al spoedig de bijnaam 'Elvis the pelvis' (pelvis = bekken) kreeg. Wilde, opzwepende muziek waarvan de wortels in de zwarte, Amerikaanse muziek lagen, in de blues van de vroegere negerslaven. Het nummer *Rock Around The Clock* van Bill Haley werd overal ter wereld een doorslaand succes – tegenwoordig zouden we 'hit' zeggen, maar dat woord werd toen nog niet in die zin gebruikt – vooral ook door het gedrag van de muzikanten; zoals de saxofonist die een solo blies terwijl hij (hoe verschrikkelijk!) op zijn rug op het podium lag! Ouders werden er compleet gek van. Ze vergaten daarbij voor het gemak maar dat ze in hun jeugd net zo op jazzmuziek hadden gereageerd als hun kinderen nu op die verschrikkelijke rock 'n' roll. Later zou er ook in Nederland rock 'n' roll worden gemaakt: Peter Koelewijn zou geschiedenis gaan schrijven met zijn verschillende malen uitgebrachte single *Kom Van Dat Dak Af*. De wereld veranderde en de jeugd en Nederland veranderden mee.

De politiek en de jeugd

Dat gold ook voor de Nederlandse politiek toen er in 1959 een einde aan de rooms-rode coalitie kwam (een regering waarin de rooms-katholieke en socialistische partijen samenwerkten). Hadden tot nu toe die katholieke en socialistische politici samen Nederland geregeerd, dit was het begin van de samenwerking tussen christelijke en liberale partijen. De socialisten stonden buitenspel en het kabinet De Quay kwam aan de macht.
De buitenlandse politiek werd in de jaren vijftig vooral gekenmerkt door de tegenstelling tussen Oost en West. Dat betekende voor Amerika een hysterische jacht op zogenaamde communis-

ten, of ze dat nu echt waren of niet. Het waren ook de jaren van drukke spionage in zowel het Oosten als het Westen. De Koude Oorlog werd dat genoemd: geen oorlog met wapens, maar met spionage en propaganda. De wedloop om de ruimte te veroveren, begon doordat de Russen hun *Spoetnik I-* en *II*-satellieten in een baan om de aarde brachten.

Er werden toen trouwens ook échte oorlogen gevoerd: in Korea, waar oorspronkelijk alleen Noord- en Zuid-Korea tegen elkaar in gevecht waren, maar waar later ook China en vervolgens de Verenigde Staten zich in mengden; er hebben trouwens ook nog Nederlandse militairen in Korea aan de kant van Zuid-Korea en Amerika meegevochten. In Cuba brak een burgeroorlog uit, in Hongarije stond het volk op tegen de Russische bezetters, China viel Tibet binnen en rond het Suezkanaal ontstond een crisis. En in Vietnam woedde eigenlijk al sinds 1945 een verbitterde strijd, die tot 1973 zou duren. Eerst ging het om de Fransen, die hun oorlog van Noord-Vietnam verloren, toen raakten de Verenigde Staten er steeds meer bij betrokken. Dat was ook de eerste oorlog die door de media, en dan vooral de televisie, rechtstreeks in onze huiskamers binnenkwam. We konden met eigen ogen zien wat de verschrikkingen van een oorlog betekenden.

En de wereld begon wakker te worden. De jeugd in Amerika begon steeds vaker te protesteren: tegen de kernbewapening, tegen de regering, tegen de oorlogen, tegen de maatschappij in het algemeen. Dat was de generatie die direct na de Tweede Wereldoorlog was geboren; er vond toen een 'babyboom' plaats, een explosie van geboorten als gevolg van het optimisme van na de Tweede Wereldoorlog, toen 'alles weer goed zou komen'. Die jonge generatie was een nieuw fenomeen in de jaren vijftig en dat zou in de jaren zestig alleen nog maar sterker worden. Ze hadden een eigen taalgebruik, eigen muziek, eigen rages en eigen kleding. En langzamerhand begonnen ze zich dus ook met de politiek te bemoeien. De jaren zestig waren vooral de jaren van de jeugd.

De laatste jaren

De laatste stuiptrekkingen van de jaren vijftig: popzanger Buddy Holly, die eigenlijk Charles Hardin heet, komt bij een vliegtuigongeval om het leven, Fidel Castro komt in Cuba aan de macht – en is dat nog steeds op het moment dat we dit schrijven – in het Afrikaanse Rwanda breekt een afschuwelijke burgeroorlog uit tussen de stammen Hutu en Tutsi, een onbemand Russisch ruimteschip fotografeert de achterkant van de maan, prins Albert van België, de huidige koning, trouwt met de Italiaanse Paola en in Zwitserland stemmen de Zwitsers tegen het kiesrecht van vrouwen bij landelijke verkiezingen.

En zo maakt de wereld zich klaar voor de jaren zestig. Voor een periode waarin de mensen op zoek zijn naar liefde en wederzijds begrip, waarin de eerste voetstap op de maan wordt gezet en waarin de in de hele wereld populaire Amerikaanse president John F. Kennedy wordt vermoord. Het was ook een decennium (= ander woord voor een periode van tien jaar) van optimisme en geloof in de toekomst. En daarbij tevens een decennium waarin de mensen zich meer en meer bewust werden van wat er in de rest van de wereld allemaal gebeurde. Dat kwam dus vooral door de grote rol die radio en televisie (en ook de kranten en tijdschriften) waren gaan spelen. Een roerig tijdperk dus, met heel veel veranderingen en heel veel nieuwe dingen. En daar gaan we nu de belangrijkste feiten uit opdiepen.

Teveel om te vertellen

Want het is natuurlijk onmogelijk om in één spreekbeurt of één werkstuk alle feiten uit de jaren zestig uitgebreid te behandelen, net zo min als het mogelijk is om in het kader van dit boekje om een volledig overzicht van de jaren zestig te geven. Mensen die de jaren zestig bewust hebben meegemaakt of die er veel over hebben gelezen, zullen vast wel eens wat dingen missen. Dat zal dan best waar zijn, maar er is in dat decennium op allerlei gebieden zó ontzettend veel gebeurd. Er hebben zich zó veel nieuwe ontwikkelingen voorgedaan dat het ondoenlijk zou zijn om die allemaal uitgebreid te gaan beschrijven. Er is gewoon veel teveel om te vertellen. Vandaar dat we in dit boekje de nadruk leggen op jong zijn in de jaren zestig. Want in dat tijdperk werden vooral de jongeren wakker, werden ze zich bewust van de wereld en van zichzelf. Dat kun je tot het belangrijkste punt van je spreekbeurt of werkstuk maken; hoofdstuk 2 gaat daarover. Maar vergeet niet dat in de geschiedenis alles met elkaar te maken heeft. Daarom staan er in dit boekje nog meer hoofdstukken met andere feiten, die ook in die geschiedenis van de jaren zestig passen. Zoals andere gebeurtenissen in binnen- en buitenland: de ruimtewedloop, de oorlog in Vietnam, muziek, boeken en films, ontwikkelingen in de techniek en sport. Die hoef je natuurlijk niet allemaal te noemen, maar je kunt de hoofdstukken 3, 4 en 5 gebruiken om met feiten daaruit andere gebeurtenissen te onderstrepen of te illustreren. Je zult dus zelf het een en ander moeten doen. Maar dat maakt het alleen maar des te leuker. Veel succes met je spreekbeurt of werkstuk!

2. JONG IN DE JAREN ZESTIG

Langharig werkschuw tuig!

Het draait in deze jaren allemaal om de jeugd, die zich steeds meer tegen het gezag en de ouders gaat afzetten. Maar er ís ook veel meer jeugd: zoals altijd na een oorlog zijn er na de Tweede Wereldoorlog veel kinderen geboren. Die zijn in de jaren zestig tussen de zestien en de negentien jaar oud. En ze protesteren. 'Langharig werkschuw tuig!' roepen de ouders. 'Beter langharig dan kortzichtig!' roepen de jongeren terug. En dat gebeurt niet alleen in Amerika, maar ook in Nederland. Er is een gevoel van onbehagen in de samenleving ontstaan. Volgens ouderen begint die juist een beetje plezierig te worden na de moeilijke jaren vijftig. Maar jongeren hebben maling aan die welvaart; die hebben dan ook nauwelijks armoede of andere problemen meegemaakt. Welzijn is belangrijker dan welvaart. Weg met auto's, weg met televisie. Ze zijn op zoek naar een eigen jongerencultuur, met agressieve muziek, een losse levenshouding, eigenzinnige kleding en haardracht, het doorbreken van allerlei maatschappelijke en seksuele taboes en het in de war gooien van de openbare orde door samenscholingen en demonstraties. Al in 1961 vinden veel protestdemonstraties tegen de kernbewapening plaats, net als overal elders in Europa; de eerste peace-symbolen zijn te zien.
Het is het begin van de strijd om de macht in allerlei delen van de maatschappij. En de jeugd staat daarbij voorop.

De hippies

Halverwege de jaren zestig verschijnen in San Francisco en New York de *Hippies*. Lang haar, bakkebaarden, snorren en baarden voor de jongens, geen make-up en lange jurken voor de meisjes; zowel zij als de jongens dragen kleren met Indiase motieven of felle kleuren. Er is veel vrije seks, en veel geëxperimenteer met drugs. De speelse levensstijl van de hippies trekt veel anderen aan en hun zoeken naar oosterse filosofieën voert hen naar India en Tibet. Ze voelen zich verwant aan de indianen en dragen ook indiaans aandoende sieraden en gebruiken verdovende middelen die van oorsprong door de indianen worden gebruikt: mescaline en peyote. De hogepriester van de hippies in Amerika, ex-hoogleraar Timothy Leary, preekt over vrijheid, drugs en liefde. Make love, not war! En zijn strijdkreet 'Turn on, tune in and drop out' (gebruik verdovende middelen, stem op een ander leven af, verlaat de huidige samenleving) vindt overal weerklank, ook in Nederland. De bloemenkinderen groepen samen op de Dam in Amsterdam en de maatschappij kijkt vol afgrijzen toe.

Allerlei stromingen

Er ontstaan onder de jeugd in Nederland allerlei stromingen, vooral onder invloed van de Engelse popgroepen Beatles, Rolling Stones, Kinks en Who. Het Beatles-haar doet opgang en brengt ouders en leraren tot wanhoop. Soms zijn de groeperingen alleen plaatselijk, zoals in Den Haag de *Blauwen*, de Indische jongeren, en de *Bullen*, tegenhangers van de Engelse *Rockers*. De *Kikkers* dragen PTT-capes, houden van The Golden Earrings (dan nog met een s) en rijden op Puchs. De *Plu's* houden daarentegen van The Motions en rijden op Berini's. Dan heb je nog *Soulkikkers*, *Artistiekelingen* en in Amsterdam de *Pleiners* (cultureel aangelegde jongeren die het Leidseplein als trefpunt kiezen) en de *Dijkers* (jeugd met de Nieuwendijk als ontmoetingsplaats), die nogal eens met elkaar op de vuist gaan.

Bij elkaar worden ze nozems genoemd (Nederlands Onderdaan

Zonder Enige Moraal) en ouders en gezag doen er alles aan om de groepen eronder te krijgen. Botsingen met de politie, maar ook met de Amsterdamse onderwereld (waarbij de politie schijnheilig een andere kant op kijkt) zijn aan de orde van de dag. Grammofoonplaten, kauwgom, leren jacks, vetkuiven en lange haren. En protest. Vooral jongeren beginnen tegen de oorlog in Vietnam te protesteren, er komen vredesmanifestaties.

Muziek en jeugdbladen

Dankzij radio, tv en de bladen gaat het allemaal sneller. Ouders, opvoeders, leraren, bestuurders en politie raken helemaal van de wijs. De jeugd heeft in deze welvarende jaren meer zakgeld te besteden en de boetieks schieten uit de grond; er ontstaat een complete jongerenmarkt met kleding, make-up en muziek.

De Nederlandse jeugd is muzikaal in twee kampen verdeeld: *Beatles*-liefhebbers en *Stones*-fans. In juni 1964 komen de Beatles naar Nederland, maken een rondvaart door de Amsterdamse grachten en geven een optreden in een veilinghal in het Noord-Hollandse plaatsje Blokker. Hun rondvaart, waar 50.000 fans op afkomen, levert hysterische taferelen op, evenals een paar maanden later een optreden van de Rolling Stones in het Scheveningse Kurhaus (met nota bene André van Duin in het voorprogramma); dat wordt zó'n chaos dat de Engelse superon-sterren het optreden na tien minuten afbreken. En die buitenlandse popmuziek vindt zijn weerklank in Nederland: de bandjes schieten uit de grond, vooral in Den Haag: *Golden Earrings, Motions, Q 65, Incrowd, Haigs, Sandy Coast, Hu & The Hilltops* en uit Delft de *Tee Set*. Uit Amsterdam komen de Outsiders, met zanger Wally Tax (het langste haar van Nederland!), uit Drenthe *Cuby & The Blizzards*, aanvankelijk met rockjunkie Herman Brood op toetsen, uit Groningen de *Ro-d-ys*, uit Volendam de *The Cats*, met hun palingsound. Boudewijn de Groot en Armand

17

laten zich inspireren door protestzangers Bob Dylan en Donovan.

Het popfestival in het Amerikaanse Monterey in 1967, wel 'De moeder van alle popfestivals' genoemd, vormt de aanleiding tot de 'summer of love', die zich zal uitbreiden naar Londen, en Amsterdam, de Europese hoofdstad voor alternatieve cultuur. Het verschijnsel popfestival doet in Nederland zijn intrede: *Hai in de RAI* (Amsterdam) en *Flight to Lowlands Paradise* (Utrecht) in 1967 en *Lahoblobloe* (Den Haag) en *Lochem Popfestival* (Lochem) in 1968. In datzelfde jaar openen ook poptempels Paradiso en Fantasio in Amsterdam hun deuren. Op een popfestival op een modderig terrein bij een boerderij in Woodstock, in de staat New York, komen in 1969 400.000 mensen bij elkaar voor een drie dagen durende manifestatie voor vrede, liefde en wederzijds begrip. Optredens worden onder andere verzorgd door Jimi Hendrix, The Who, The Band en Janis Joplin. De term Flower Power komt in zwang.

Er verschijnen veel op jongeren gerichte bladen, zoals *Teenbeat, Kink, Gandalf* en in 1965 *Hitweek*. Popprogramma's op de radio zijn *Tijd voor Teenagers* en *Tussen 10+ en 20–*. Op de televisie zijn *Moef Ga Ga, Waauw!!, Fanclub* en *Rooster* te zien, radiopiraten als Veronica en Caroline worden echte popzenders.

Provo

De Pleiners en de Dijkers worden langzamerhand verleden tijd en nu komt er rond 1965 een andere beweging op. De aanhangers ervan dansen rond het beeld van Het Lieverdje op het Amsterdamse Spui en gaan zich Provo's (komt van provoceren = uitdagen) noemen. Ze voeren actie voor vrijheid van onderdrukte minderheden, zoals homo's, voor invoering van wetten tegen de milieuvervuiling en voor bescherming van de binnensteden tegen projectontwikkelaars, ze zijn tegen het gezag en tegen alles wat met bezit en geld te maken heeft, hebben lang haar en tweedehands kleren. En natuurlijk doen ook zij aan vrije seks. Veel van de ideeën van de Provo-beweging zijn in de loop van de tijd ook werkelijkheid geworden. Zoals het witte-fietsenplan (overal in de stad witte fietsen neerzetten, die je kunt gebruiken als je er een nodig hebt en die je later weer terugzet) en de witkar (hetzelfde idee met een soort autootjes) van Luud Schimmelpenninck, die zelfs internationaal waardering krijgen.

Veel namen uit die tijd zijn nu nog bekend: Roel van Duijn, Provo van het eerste uur en later wethouder van Amsterdam, ontwikkelt zich tot het geweten van de beweging. Robert Jasper Grootveld, de 'anti-rookmagiër' die Amsterdam tot *magies sentrum* uitroept en het woord 'kanker' op aanplakbiljetten van sigaretten kalkt (dat hij zelf een stevige roker is, doet volgens de magiër niet terzake). Dichter/schrijver Simon Vinkenoog en schrijver/schilder Jan Cremer, zanger Ramses Shaffy, dichter Johnny van Doorn, bijgenaamd Johnny the Selfkicker, componist Peter Schat en Bart Huges, gezakt voor zijn artsenexamen, die een gaatje in zijn voorhoofd boort om constant 'high' te kunnen zijn: ze zijn er allemaal bij.

En niet alleen in Amsterdam, maar overal in Nederlandse steden ontstaan Provo-bewegingen die dikwijls eigen bladen uitgeven. De beweging gaat in het openbaar krenten uitdelen, symbool van het gebrek aan liefde van de politie voor de beweging, wat de politie dan weer beschouwt als verstoring van de openbare orde. Provo Koosje Koster wordt gearresteerd en er volgt een schandaal omdat later blijkt dat ze urenlang vrijwel naakt is verhoord. De huwelijksdag van Beatrix en Claus, 10 maart 1966, wordt tot Dag van de Anarchie uitgeroepen en de rellen en het optreden van de politie leiden tot het ontslag van de hoofdcommissaris van politie en het aftreden van burgemeester Van Hall.

In april 1966 besluit Provo zich kandidaat voor de Amsterdamse gemeenteraad te stellen, met verkiezingsleuzen als 'Stem Provo voor mooi weer' en 'Stem Provo, kejje lachen'. De beweging krijgt één zetel voor Bernard de Vries, maar het gemeenteraadswerk is saai en Provo is speels. Toch wordt de beweging serieuzer: in november 1966 wordt er in het Limburgse Borgharen zelfs een Provo-concilie gehouden (concilie = rooms-katholieke kerkvergadering)! Maar in maart 1967 heft Provo zichzelf op en Roel van Duijn vormt de beweging om tot de al even ludieke Kabouterbeweging. Maar dan zitten we al in de jaren zeventig.

Dolle Mina

In het midden van de jaren zestig kwam er een aanval van vrouwen op de mannenmaatschappij: de actiegroep *Dolle Mina* ijverde voor gelijke lonen voor mannen en vrouwen en de legalisering van abortus. Ze gebruiken daarbij ludieke middelen zoals het dichtstrikken van urinoirs met roze linten, het bezetten van redacties van damesbladen en het leegspuiten van spuitbussen met deodorant voor 'de derde oksel'. 'Openbaar plasrecht voor vrouwen' en 'Baas in eigen buik' zijn twee van hun strijdkreten. Ze fluiten mannen na, verstoren een miss-verkiezing en delen condooms uit aan meisjes van de huishoudschool.

Studentenopstand

De studenten in Parijs en Berlijn, die in 1968 medezeggenschap op de autoritaire universiteiten eisen, ontketenen opstanden die ook naar Nederland overwaaien. In Amsterdam wordt op 12 mei 1969 het Maagdenhuis, het bestuurscentrum van de Universiteit van Amsterdam, door de studenten-actiegroep 'De Loze Kreet' bezet. De politie maakt al snel een einde aan de bezetting, maar op 16 mei wordt het Maagdenhuis opnieuw door studenten bezet, die meer medezeggenschap eisen: 'Medebeslissingsbevoegdheid voor alle geledingen en op alle niveaus'. Op 21 mei maakt de politie opnieuw een einde aan de bezetting.

De tijden zijn veranderd

The Times Are a'Changin', de song waarin Bob Dylan aankondigt dat de tijden zullen gaan veranderen, is niet helemaal bewaarheid geworden en *Meneer De President* van Boudewijn de Groot is nog net zo actueel als toen, gezien de oorlogszuchtige taal van de Amerikaanse president Bush in 2002 en 2003. Uiteindelijk lijkt er dus maar weinig veranderd. Toch zijn er sinds de jaren zestig wel degelijk veranderingen in de maatschappij gekomen. En die zijn door de jongeren aangezwengeld. Daarom zullen de jaren zestig de geschiedenis ingaan als de tijd van de jeugd. Het decennium waarin jongeren zich bewust werden van de wereld om hen heen en van de maatschappij waarin ze leefden. Die ze dan weliswaar niet hebben tot een nieuwe wereld omgevormd, maar waarop ze toch een enorme invloed hebben gehad.

3. WAT GEBEURDE ER IN HET BUITENLAND?

Begrafenis, huwelijk en oorlog

Veel, héél veel. Weer teveel om op te noemen: de pop-art van Andy Warhol en Roy Lichtenstein, de begrafenis van Sir Winston Churchill die Engeland door de Tweede Wereldoorlog hielp, het huwelijk van de Belgische koning Boudewijn met de Spaanse Fabiola, de zesdaagse oorlog van Israël tegen zijn Arabische buren, de Russische troepen die met hun tanks Tsjechoslowakije binnenvallen, de Duitse studentenleider Rudi Dutschke die in Berlijn van zijn fiets wordt geschoten, waarop er onmiddellijk rellen uitbreken, de massale Franse studentenprotesten die ook naar Nederland overwaaien, de demonstraties voor burgerrechten in het Noord-Ierse Londonderry, Yasser Arafat die tot leider van de Palestijnse bevrijdingsorganisatie PLO wordt benoemd, prins Charles die in Engeland als prins van Wales wordt geïnstalleerd (dat is-ie nog steeds...), Jan Palach, een Tsjechische student filosofie die zichzelf in brand steekt uit protest tegen de Russische bezetting van zijn land, de Libische kolonel Khadafi die zichzelf na een staatsgreep tot staatshoofd benoemt. En nog veel meer. We hebben weer een keuze moeten maken. Hierna vind je vier van de belangrijkste onderwerpen.

De ruimtewedloop

Wie zal het gaan winnen, de Verenigde Staten of Rusland? In de jaren zestig vindt er een ware wedloop om de ruimte plaats tussen de beide wereldmachten, waarvan het begin zich in de jaren 1961 en 1962 afspeelt. In eerste instantie winnen de Russen.

Nadat ze al in de jaren vijftig met hun *Spoetnik*, de kleine ruimtesonde die piepjes uitzendt (een sonde is in dit geval een onbemand ruimtevaartuig), de aanzet tot de wedloop te hebben gegeven, stuurt Rusland op 12 april 1961 de eerste mens de ruimte in. Het is majoor Yuri Gagarin (1934-1968) die met het ruimteschip *Vostok 1* in een baan om de aarde gaat, op een hoogte van 327 kilometer en met een snelheid van zo'n 28.000 km per uur. Het ruimteschip landt na 108 minuten weer veilig op Russische bodem.

Dat kunnen de Amerikanen niet op zich laten zitten. Nog geen maand later, op 5 mei, maakt de Amerikaanse astronaut Alan Shepard in de *Freedom 7*-capsule een ruimtesprongetje van weliswaar niet meer dan vijf minuten, maar er zijn wel 45 miljoen televisiekijkers getuige van de start. En dan zijn de Russen weer aan de beurt: op 6 augustus gaat de Russische ruimtevaarder (in Rusland kosmonaut genoemd, astronaut is de Amerikaanse benaming) Gherman Titov maar liefst zeventien keer in een baan rond de aarde.

Maar op 25 mei heeft de Amerikaanse president Kennedy al beloofd dat de VS ernaar zullen streven de eerste mens op de maan te zetten. En ze gaan er ook hard tegenaan: Amerika lanceert de eerste telecommunicatiesatelliet *Telstar 1*, die het mogelijk maakt om gedurende korte perioden tv-beelden van over de oceaan in Europa te ontvangen. En de Amerikaanse astronaut John Glenn maakt de eerste echte Amerikaanse ruimtevlucht. In de *Friendship 7* 'vliegt' hij in vijf uur drie banen om de aarde. Later dat jaar wordt de Amerikaanse ruimtesonde *Mariner 2* gelanceerd, die voor het eerst naar een andere planeet op weg gaat, en wel naar Venus. De sonde meet de temperatuur van de planeet en bevestigt het bestaan van zonnewind.

Op 16 juni 1963 vertrekt de eerste vrouw naar de ruimte: de Russin Valentina Tereshkova. Ze maakt in het ruimteschip *Voshtok 6* 45 banen om de aarde. In oktober van het jaar daarop neemt het Russische ruimteschip *Voshkod 1* drie mensen mee op een reis van zestien banen om de aarde. Dat was de eerste ruimtevlucht waaraan meer mensen tegelijk deelnamen: alweer een succesje voor de Russen. Maar de Amerikanen slaan in 1964 terug: het onbemande Amerikaanse ruimteschip *Ranger 2* maakt meer dan 4000 foto's in het heelal, waaronder de eerste filmopnamen van dichtbij van de maan.

Op 18 maart 1965 maakt de Russische kosmonaut Alexej Leonov de eerste ruimtewandeling. Hij is daarbij via een kabel aan zijn ruimteschip *Voshkod 2* verbonden en zweeft gedurende tien minuten alleen aan deze kabel in de ruimte. De Amerikanen zijn even niet bezig met bemande ruimtevluchten, maar bewegen zich wel actief in de ruimte: op 6 april lanceert het land de communicatiesatelliet *Early Bird* (later *Intelsat 1*), die een permanente verbinding tussen Europa en Noord-Amerika tot stand brengt. Op 14 juli stuurt Amerika vervolgens de ruimtesonde *Mariner 4* omhoog, die van een hoogte van slechts 9700 kilometer foto's van Mars maakt, waarop dezelfde soort kraters als die op de maan te zien zijn. Maar de Amerikanen willen niet voor de Russen onderdoen en dus maakt astronaut Edward H. White op 3 juni een ruimtewandeling van bijna een kwartier. Toch weer even de Russen overtroffen!

Maar dat lokt natuurlijk een antwoord uit: op 3 februari 1966 landt een Russische ruimtesonde op de maan. Alweer de eersten, die Russen, zij het dan ook nog met een onbemande vlucht, maar ze staan in elk geval op de maan! Pas op 3 juni van dat jaar hebben de Amerikanen een weerwoord: dan maakt ook een Amerikaanse ruimtesonde een maanlanding. Zowel de Russische als de Amerikaanse sonde maakt uitgebreid foto's van het maanoppervlak. Later dat jaar proberen de Amerikaanse astronauten Neil Armstrong en David Scott in hun ruimteschip *Gemini 8* tijdens hun laatste verblijf in de ruimte te koppelen. De koppeling lukt niet helemaal, door technische fouten. Toch is de mogelijkheid om in de ruimte een koppeling tot stand te brengen essentieel voor een poging om op de maan te landen.

Een enorme tegenslag treft de Amerikaanse ruimtevaart op 27 januari 1967: de Amerikaanse astronauten Gus Grissom, Roger Chafee en Ed White komen om het leven als hun Apollo-capsule bij een proef op aarde in brand vliegt. Maar ook aan Russische zijde gebeurt later dat jaar een ernstig ongeluk: de *Sojoez 1* stort op aarde neer als de parachute bij de landing niet werkt; kosmonaut Vladimir Komarov komt om het leven. In december volgt daarentegen weer een succesje: het Amerikaanse ruimteschip *Apollo 8* draait twintig uur lang om de maan, met aan boord Frank Borman, James Lovell en William Anders. Langzamerhand komt de dag dichterbij dat een mens voet op de maan zal zetten.

Dit decennium heeft ontwikkelingen op vele gebieden laten zien, maar nadat in 1961 de eerste pogingen ter voorbereiding voor de eerste mens op de maan zijn gedaan, gaat op 20 juli 1969 de kogel door de kerk. Uiteindelijk weten de Amerikanen de wedloop om de eerste mens op de maan te winnen: astronaut Neil Armstrong is de eerste mens die een voet op de maan zet. Zijn wereldberoemd geworden uitspraak 'One small step for a man, one giant leap for mankind' (een kleine stap voor een man, een reusachtige sprong voorwaarts voor de mensheid) gaat over de hele wereld heen, want de missie wordt integraal op de televisie uitgezonden en overal ter wereld druk bekeken. Na 18 minuten wordt Armstrong gevolgd door Edwin 'Buzz' Aldrin. Ze zijn de eerste mensen die een andere planeet fotograferen terwijl ze er ook werkelijk op stáán; ze blijven meer dan 21 uur op de maan. De derde astronaut, Michael Collins, blijft in de *Apollo 2* in een baan om de maan om de andere twee na hun missie weer op te pikken en terug naar de aarde te brengen.
Enkele maanden later zal ook de *Apollo 12* mensen op de maan zetten: Charles Conrad jr., Richard Gordon jr. en Alan Bean. De *Apollo Lunar Module* maakt zich los van de *Apollo 12* en landt op de maan, terwijl Gordon in het besturingscompartiment blijft

wachten tot Conrad en Bean terugkeren. Ze hebben dan allerlei grondmonsters genomen en apparatuur uitgepakt en gebruikt om metingen mee te doen. In november brengen ze stukken maansteen mee naar de aarde. Het lijkt dat de Amerikanen hiermee de laatste zet hebben gedaan. De Russen nemen de moeite niet meer om ook nog een mens naar de maan te sturen en nu er eenmaal mensen op de maan zijn geweest, is de ruimtewedloop eigenlijk voorbij en de belangstelling voor de maan ook wel; men weet er nu genoeg van. Veel later zullen Russen en Amerikanen gaan samenwerken in de ruimte en ook andere nationaliteiten (waaronder de Nederlander Wubbo Ockels) in staat stellen om een ruimtereis te maken. Maar in de jaren zestig zal het nog tientallen jaren duren voordat het zover is...

Het kolonialisme verdwijnt

Een frisse wind steekt op en de vrijheid dient zich aan. In Afrika worden in de jaren zestig steeds meer landen onafhankelijk, waardoor de macht van de Europese koloniserende landen verdwijnt. Cyprus wordt na vijf jaar ruziën tussen Griekenland en Turkije, die het eiland beide opeisen, een onafhankelijke republiek, Frankrijk raakt Kameroen kwijt, Somalië dat vroeger een kolonie van Engeland en Italië was, krijgt zijn zelfstandigheid. In juni 1960 gebeurt dat met Belgisch Kongo. Ook andere voormalige koloniën in Afrika zoals Sierra Leone, Tanganyika, Nigeria, Uganda, Burundi, Rwanda en Algerije worden onafhankelijk. Het kolonialisme in Afrika krijgt steeds minder voet aan de grond. Afrikaanse leiders richten in 1963 in de Ethiopische hoofdstad Addis Abeba de Organisatie voor Afrikaanse Eenheid (OAU) op, met het doel om de samenwerking tussen de Afrikaanse staten te bevorderen en een eind aan het kolonialisme te maken. In Afrika worden Botswana en Lesotho zelfstandig.

Alleen Zuid-Afrika blijft zich verzetten en dat heeft op 21 maart 1960 een bloedbad in Sharpeville tot gevolg, als de Zuid-Afrikaanse politie 56 zwarte demonstranten tegen een wet die verordonneert dat iedereen zich altijd moet kunnen legitimeren, doodschiet. Het blanke bewind verbiedt het ANC (Afrikaans Nationaal Congres) en het PAC (Pan-Afrikaans Congres). Er komen internationale protesten en Zuid-Afrika wordt gedwongen uit het Britse Gemenebest te stappen. Het wordt in mei 1961 een zelfstandige republiek en de apartheidsregering komt steeds verder in een isolement terecht.

Op 11 juni 1964 wordt de leider van het ANC, Nelson Mandela, tot levenslang veroordeeld, wegens zogenaamde sabotage en een poging om de Zuid-Afrikaanse regering omver te werpen. Hij wordt op het Robbeneiland, in de Tafelbaai voor de kust bij Kaapstad, opgesloten en pas na 27 jaar vrijgelaten. Hij zal de eerste zwarte president van Zuid-Afrika worden. Op 6 september 1966 wordt de Zuid-Afrikaanse premier Hendrik Verwoerd in het parlement doodgestoken. Johannes Vorster wordt zijn opvolger.

De blanke minderheidsregering van Zuid-Rhodesië onder Ian Smith geeft in 1965 een eenzijdige onafhankelijkheidsverklaring van Groot-Brittannië uit. Engeland noemt de actie illegaal en legt sancties op. Later, eind 1972, starten de zwarte onafhankelijkheidsbewegingen ZANU en ZAPU gezamenlijk een actie tegen Rhodesië, met steun uit Rusland en China. De oorlog is afgelopen als de leider van ZANU, Robert Mugabe, de macht grijpt. Rhodesië wordt Zimbabwe, waar Mugabe tegenwoordig nog steeds de macht heeft, zij het dan ook dat die verkregen is door de verkiezingen te manipuleren.

Ook elders worden steeds meer landen onafhankelijk. In 1963 wordt de laatste Nederlandse kolonie in de Indonesische archipel, Nieuw-Guinea, als Irian Jaya een deel van Indonesië. In september sluiten de Britse koloniën Singapore en Serawak en

Sabah op het eiland Borneo zich aan bij de Maleisische Federatie. Indonesië valt op 15 september Maleisië binnen om op die manier geheel Borneo in handen te krijgen. Er breekt een oorlog uit tussen de Britten en Maleisië aan de ene kant en Indonesië aan de andere kant. Er wordt gevochten tot augustus 1966 en de strijd eindigt met de overwinning van de Maleisische kant. Indonesië trekt zich terug uit de Maleisische gebieden op Borneo, dat tegenwoordig Kalimantan heet.

Kenia en Zanzibar worden onafhankelijk binnen het Gemenebest en Zanzibar sluit zich in april 1964 aan bij Tanganyika. Er ontstaat een nieuwe staat: Tanzania. Op 6 juli 1964 wordt het Britse territorium Nyasaland zelfstandig en heet voortaan Malawi. Op 24 oktober wordt Noord-Rhodesia onafhankelijk en heet voortaan Zambia, waardoor een Britse poging om een Centraal-Afrikaanse Federatie op te richten mislukt. Alleen het door blanken gedomineerde Zuid-Afrika en een paar kleine Britse, Spaanse en Portugese koloniën in West-Afrika blijven nog onder Europees bestuur. West-Samoa krijgt als eerste eiland in de Grote Oceaan zijn zelfstandigheid, Jamaica, Trinidad en Tobago volgen. In mei 1966 wordt Brits-Guyana onafhankelijk en heet voortaan Guyana. Barbados volgt, zeven andere Caribische eilanden en het Midden-Amerikaanse landje Belize worden pas in 1983 onafhankelijk. In 1967 verliest Engeland zijn laatste kolonie in het Midden-Oosten: Jemen.

Amerika en de Kennedy's

Op 8 november 1960 wordt senator John F. Kennedy de 35ste president van de Verenigde Staten, na een krappe overwinning op zijn rivaal Richard Nixon. De jonge, goed ogende en energieke president wint vele harten in de hele wereld, hoewel hij het niet altijd gemakkelijk heeft. In april 1961 landen 1500 door de Amerikanen getrainde Cubaanse ballingen in de Varkensbaai op Cuba, met de opdracht de regering van Fidel Castro omver te werpen. Maar de verwachte opstand blijft uit en de invallers worden gevangengenomen of gedood. President Kennedy en de Amerikaanse regering krijgen zware kritiek te verduren. Rusland plaatst kernraketten op het eiland en Amerika legt een blokkade rond Cuba. De Russen en Amerikanen komen tegenover elkaar te staan en er dreigt zelfs een atoomoorlog. Maar het conflict wordt door praten opgelost, de Russische kernraketten worden weggehaald en de crisis is bezworen. Maar de wereld heeft even haar adem ingehouden.

In juni 1963 brengt Kennedy een bezoek aan West-Berlijn om zijn steun te betuigen aan de vrijheid, nadat de Oost-Duitse autoriteiten een muur midden door Berlijn hebben gebouwd, om West- van Oost-Berlijn te scheiden en te voorkomen dat Oost-Duitsers naar het Westen vluchten. Kennedy's verklaring 'Ich bin ein Berliner' (ik ben een Berlijner) krijgt een enthousiast onthaal. Om de spanning tussen Oost en West te verminderen, wordt een rechtstreekse telefoonlijn, de zogenoemde hotline, tussen Washington en Moskou aangelegd. In geval van nood kunnen de Russische en de Amerikaanse president direct en rechtstreeks met elkaar overleggen.

Ook wordt er in 1963 in de Verenigde Staten een demonstratie van de burgerrechtenbeweging gehouden, waaraan maar liefst 200.000 mensen deelnemen, waaronder veel zwarte, maar ook blanke artiesten. Dominee Martin Luther King voert de mars aan en doet in zijn speech de uitspraak 'I have a dream', waarmee hij stelt dat op een dag iedereen gelijke rechten zal hebben. Het is een mars die vreedzaam begint, maar die op gevechten uitloopt. Toch wordt het volgende jaar de uiterst belangrijke Wet op de Burgerrechten aangenomen, waarmee discriminatie op grond van ras bij sollicitaties, in het openbaar vervoer, bij een vakbondslidmaatschap en bij nationale activiteiten voortaan verboden is.

In januari 1965 gaat King opnieuw voorop in een mars van

Selma, Alabama, naar Montgomery om te protesteren tegen de gebrekkige burgerrechten in de zuidelijke staten van de VS. Op 1 februari wordt hij daarvoor gearresteerd. In augustus breken in Los Angeles rassenrellen uit nadat een neger wordt gearresteerd wegens rijden onder invloed.

Op 22 november 1963 wordt Kennedy tijdens een autorit door Dallas, Texas, doodgeschoten, waarschijnlijk vanuit de ramen van een gebouw. De president wordt in zijn hoofd en hals getroffen en overlijdt op de operatietafel, een half uur na de aanslag. De gouverneur van Texas, die samen met de presidentsvrouw in de open auto zit, wordt ernstig gewond. De vermoedelijke dader van de aanslag, Lee Harvey Oswald, wordt weliswaar gearresteerd, maar op zijn beurt door nachtclubeigenaar Jack Ruby doodgeschoten voordat hij voor het gerecht kan komen. Er zullen in de loop van de tijd allerlei complottheorieën over de moord op Kennedy opduiken.

Nog twee politieke moorden in Amerika, in 1968: op 4 april wordt dominee Martin Luther King op het balkon van een motel in Memphis, Tennessee, door een blanke scherpschutter vermoord. Zijn dood leidt tot grote onlusten in heel Amerika. En twee maanden later, op 5 juni, wordt John F. Kennedy's broer en ex-minister van Justitie, Robert, in Los Angeles door de Jordaanse student Sirhan Bissara Sirhan neergeschoten, nadat hij de voorronden van de verkiezingen in Californië heeft gewonnen. Hij overlijdt een dag later. Kennedy's dood leidt tot algemene ontgoocheling in de Verenigde Staten en resulteert in de verkiezing van de Republikein Richard Nixon tot president van de Verenigde Staten.

Vietnam

De Koude Oorlog tussen de Russen en de Amerikanen is wel zo'n beetje voorbij. Maar ze zetten hun oorlogen buitenslands voort, in Afrika en Azië. Bijvoorbeeld in Vietnam: eigenlijk was die oorlog al in 1945 begonnen en hij zou tot mei 1975 duren. De Fransen hadden van de Noord-Vietnamezen verloren en langzamerhand raken de Amerikanen steeds meer bij de oorlog tussen Noord- en Zuid-Vietnam betrokken. In januari 1959 sturen ze grote aantallen zogenaamde militaire waarnemers naar Zuid-Vietnam, in 1964 wordt het conflict een totale oorlog. In augustus van dat jaar vallen Amerikaanse vliegtuigen de Noord-Vietnamese bases voor torpedoboten aan. In maart 1965 volgt operatie *Rolling Thunder*, de eerste grote aanval van de Amerikanen op Noord-Vietnam en in dezelfde maand arriveren de eerste Amerikaanse mariniers in Zuid-Vietnam.

Op 30 en 31 januari 1968 vindt het Tet-offensief plaats. Dat is een poging van de Vietcong en de Noord-Vietnamezen om een grote overwinning te behalen op Amerika en Zuid-Vietnam. Het kost 46.000 doden en 9000 gewonden. Het noorden verliest weliswaar, maar toch is het een politieke overwinning geworden. Van februari tot april 1971 probeert het Zuid-Vietnamese leger via een inval in Laos om de aanvoerlijnen voor de Vietcong te blokkeren. De poging mislukt en er vallen weer vele duizenden doden en gewonden.
In mei 1969 heeft de Amerikaanse president Nixon al terugtrekking van Amerikaanse, geallieerde en Noord-Vietnamese troepen uit Zuid-Vietnam voorgesteld, maar het zal nog tot mei 1975 duren voordat het allemaal voorgoed voorbij is.

De Vietnamese oorlog is door de ontwikkeling van de nieuwsmedia de eerste oorlog die in de huiskamers te volgen is. Vrijwel de hele wereld spreekt er zijn afschuw over uit. Demonstraties komen steeds vaker voor. In Washington wordt een grote demonstratie gehouden bij het Pentagon, waar het Amerikaanse ministerie van Defensie zetelt. Bekende Amerikanen nemen deel, soldaten en politiemensen slaan de demonstratie uit elkaar, 250 demonstranten worden gearresteerd. 'Wij helpen de Vietnamezen tegen de communisten, dit is een oorlog van goed tegen kwaad', roepen de Amerikanen. Maar het beeld van Amerika als leider van het vrije westen, de grote, aardige broer, is na Vietnam voorgoed kapotgemaakt.

4. NIEUWS UIT HET BINNEN-LAND

Rumoer in de kerken

Omstreeks 1960 vervaagt het beeld van gelovig Nederland heel plotseling, om zelfs zo goed als te verdwijnen. Paus Johannes XXIII (die vanwege zijn omvang in Nederland liefkozend 'de ronde van Italië' wordt genoemd), eigenlijk een heel aardse man, roept het Tweede Vaticaanse Concilie bijeen, dat zich tussen 1962 en 1965 bezint op de 'plaats en roeping van de kerk in deze tijd'. Het concilie belooft veel, maar brengt bepaald geen revolutie. En katholiek Nederland is niet meer te stuiten in zijn vooruitstrevendheid. Er worden vanuit het verbijsterde buitenland zelfs busreizen georganiseerd om die rare katholieken in Nederland te gaan bekijken. Het Pastoraal Concilie van 1969 leidt tot 'uitwassen' als een nieuwe catechismus (= vragenboekje over de godsdienst) en zelfs jazz- en beatmissen. Er komt ook een enkele gehuwde priester, zoals de dichter-priester Huub Oosterhuis, de vader van zangeres Trijntje en muzikant Tjeerd. De 'nieuwe katholieken' doen nogal lacherig over de encycliek (= een zendbrief van de paus) Humanae Vitae uit 1968. In die encycliek verbiedt de strenge paus Paulus VI opnieuw nadrukkelijk anti-conceptiemiddelen.

Ook bij de protestanten vinden allerlei ontwikkelingen plaats. 'De kerk in de wereld' is hier de modekreet, maar de protestantse kerk is nooit zo erg streng in de leer geweest, zodat dat minder opvalt dan de ommezwaai van de katholieken. Wel blijven de afscheidingen van de tolerante Hervormde kerk, zoals de Gereformeerden, de Vrijgemaakt Gereformeerden en allerlei kleine andere strenge kerkgenootschapjes, trouw aan hun rechtlijnige overtuiging, maar die zijn zo klein in aantal dat ze bijna sekten (sekte = een kleine afgescheiden kerkelijke groepering) kunnen worden genoemd. Andere sekten dienen zich ook aan, zoals de Hare Krishna met hun soepjurken en hun eentonige gezangen, en de mini-sekte van Lou de Palingboer. Visser Lou Voorthuizen ontdekte in 1950 dat hij god was, of liever het wederopgestane lichaam van Christus, en dus onsterfelijk, onvatbaar voor ziekten en niet in staat om te zondigen. Samen met zijn vrouw Mien en een schare zogenoemde engelen om zich heen predikt hij vanuit zijn verblijfplaats in België, maar heel veel heeft hij niet te zeggen, behalve dan natuurlijk dat Lou god is. Onsterfelijk blijkt hij helaas niet te zijn: hij overlijdt in 1968. Zijn volgelingen blijven beweren dat Lou niet dood is, maar niet veel later wordt van zijn sekte niets meer gehoord.

De Zuid-Molukkers

De Zuid-Molukkers in Nederland zijn hierheen gekomen na de onafhankelijkheid van Indonesië. Ze zijn protestants, altijd trouw gebleven aan de Nederlandse koningin en hebben vaak in het KNIL (Koninklijk Nederlandsch-Indisch Leger) gediend. Maar ze worden volgens henzelf door de Nederlandse regering verwaarloosd. Ze voelen zich opgesloten in hun woonoorden en protesteren heftig tegen de ondankbaarheid van de Nederlandse regering en hun vermeende onderdrukking. Zelfs zó erg dat gewapende Zuid-Molukkers op 2 december 1975 in de buurt van het Drenthse Wijster en op 23 mei 1977 bij De Punt een trein kapen en de reizigers gijzelen. Ze eisen onafhankelijkheid en terugkeer naar de Molukken, een eilandengroep in Indonesië. Er vallen doden en pas na aanvallen van straaljagers van de Luchtmacht kan de gijzeling worden beëindigd en de gijzelnemers gearresteerd. Ze blijven echter nog jarenlang demonstreren en zijn ook nu nog actief. Ze hebben in Nederland een eigen republiek uitgeroepen, met een president en zelfs een soort leger met uniformen. Nog steeds is hun eis: terug naar de Molukken en die tot een onafhankelijke republiek uitroepen.

1960 en 1961: bultjes, lichtgevende wijzers en watersnood

In 1960 beheerst Joop den Uyl, de leider van de Partij van de Arbeid, de vaderlandse politiek en voor het eerst komen er televisiebeelden via de satelliet *Early Bird*. Veel mensen krijgen plotseling een jeukende uitslag en die bultjes blijken te zijn veroorzaakt door het margarinemerk *Planta*. Grote opschudding in Nederland. De gedupeerden krijgen een schadevergoeding en het merk verdwijnt van de markt.

Horloges met lichtgevende wijzers en cijfers blijken een radioactieve stof te bevatten: worden alle dragers nu door enge ziektes bedreigd? Het blijkt een storm in een glas water te zijn, een goed voorbeeld van de manier waarop in die tijd betrekkelijk kleine dingen tot enorme gebeurtenissen worden opgeblazen. Tegenwoordig zou niemand nog erg veel aandacht aan dergelijke zaken besteden.

Op 14 januari loopt de wijk Tuindorp-Oostzaan in Amsterdam-Noord door een dijkbreuk onder water. De 10.000 bewoners worden zolang elders ondergebracht en de wijk wordt na verloop van tijd weer bewoonbaar gemaakt.

1962: laatste kolonie en Open het Dorp

Op 15 augustus wordt Nederland door de Verenigde Staten onder druk gezet om zijn laatste kolonie, Nieuw-Guinea, op te geven, maar we blijven de zaak afhouden. Zelfs de Russen houden zich op zee klaar om de Nederlandse militairen in Nieuw-Guinea aan te vallen, maar ze worden twee uur voor de geplande aanval teruggehaald. En we worden gedwongen om Nieuw-Guinea op te geven. Vanaf dat moment is het een Indonesische provincie en draagt het de naam Irian Jaja.

Op 26 en 27 november presenteert Mies Bouwman ('Lieve, lieve mensen!') de live marathon-tv-uitzending 'Open het Dorp', met de bedoeling om in de buurt van Arnhem een dorp voor lichamelijk gehandicapten te bouwen. Met giften uit het bedrijfsleven, maar ook van vele particulieren en met een lucifersdoosjes-actie (waarbij je wordt gevraagd een lucifersdoosje met geld in te leveren) en geleegde spaarpotten wordt het voor die tijd enorme bedrag van meer dan 21 miljoen gulden (€ 9.617.000) opgehaald. Mies Bouwman kan na afloop van de uitzending nog maar nauwelijks praten, maar ze kan ook niet meer stuk. Vanaf die tijd wordt ze bijna als heilige aanbeden, maar dat wordt in januari 1964 meteen een heel stuk minder. Dan wordt namelijk in het satirische tv-programma 'Zo is het toevallig ook nog eens een keer' in het onderdeel 'Beeldreligie' de aanbidding van de televisie in een soort gebed op de hak genomen. Mies Bouwman maakt deel uit van de presentatoren van het programma en Nederland is plotseling kwaad op haar.

In december 1962 overlijdt prinses Wilhelmina, moeder van de toenmalige koningin Juliana. Ze wordt in de Nieuwe Kerk in Delft bijgezet; de begrafenisstoet is geheel in het wit, evenals de kleding van de meeste van de rouwende gasten. De volgende koninklijke begrafenis zal pas veertig jaar later zijn, in 2002, als de alom geliefde prins Claus overlijdt.

1963 en 1964: strenge winter, gasleiding en de *Oranje*

We hebben dit jaar een bijzonder strenge winter in Nederland. Het IJsselmeer vriest volledig dicht, zó dicht dat je met de auto over het ijs van Urk naar Enkhuizen kunt rijden. Er wordt zelfs een pompstation op het ijs gebouwd! Omdat de normale verkeersregels niet op ijs gelden, maken heel wat automobilisten er gebruik van om eens lekker uit hun bol te gaan op de ijsvlakte en dat levert heel wat ongelukken op.

In april 1963 verandert prinses Marijke haar naam in Christina en werpt zich op haar grote hobby: zingen. In de jaren 2000 zal ze zelfs twee cd's maken, waarvan de muzikale kwaliteit met enige reserve wordt beoordeeld.

In de zomer van 1964 wordt een enorme gasleiding van 400 kilometer door Nederland gelegd. Dit is het begin van de massale overstap van stadsgas naar aardgas, waarvan onder de Groningse plaats Slochteren de grootste bel ter wereld is gevonden: ongeveer 1650 miljard kubieke meter. Nederland is hierdoor plotseling een steenrijk land geworden.

Het passagiersschip *Oranje*, eens de trots van de Stoomvaart Maatschappij Nederland en bij veel Nederlanders bekend als het schip waarmee zij vanuit het voormalige Indië naar Nederland terugkeerden, wordt in 1964 aan Italië verkocht. De tijd van de grote passagiersschepen is voorbij, vooral door de opkomst van de luchtvaart. De *Oranje* wordt herdoopt in *Achille Lauro* en gaat als cruiseschip dienen. Later zal het in het nieuws komen doordat er aan boord een gijzeling plaatsvindt, met dodelijke afloop.

1965: Top 40, Margriet en Beatrix

Op 2 januari 1965 wordt de eerste Nederlandse Top 40 vanaf het schip van piratenzender Veronica uitgezonden. Presentator is Joost den Draayer, oftewel Willem van Kooten, die tegenwoordig als miljonair veel tijd aan de Middellandse Zee doorbrengt en die ook nog niet zo lang geleden even bemoeienis heeft gehad met Leefbaar Nederland, de partij van Pim Fortuyn.

Prinses Margriet trouwt met de niet-adellijke Pieter van Vollenhoven. Hoewel hij later wel eens spottend 'prins Pieter' wordt genoemd, zal hij die titel nooit officieel krijgen. Nog meer nieuws uit de wereld van de Nederlandse royalty: kroonprinses Beatrix maakt haar verloving met de Duitse diplomaat Claus von Amsberg bekend. Dat valt niet best bij de Nederlandse bevolking: een mof (scheldnaam voor de Duitsers) die ook nog aan de Tweede Wereldoorlog heeft meegedaan als toekomstige echtgenoot van de Nederlandse kroonprinses, dat kán toch niet!

In december breekt een grote epidemie van mond- en klauwzeer uit. Honderdduizenden dieren moeten worden afgemaakt.

1966 en 1967: koninklijk huwelijk en politieke verschuivingen

Op 10 maart trouwt prinses Beatrix met Claus von Amsberg in Amsterdam. Al in de nacht voor het huwelijk is het onrustig in de stad. Provo's en studenten veroorzaken op de huwelijksdag rellen en roepen om een republiek; af en toe wordt er gevochten met de politie, waarvan er duizend in de weer zijn, aangevuld met 1700 mensen van de rijkspolitie, 45 politiemensen te paard uit het hele land en zestig motoragenten. Er wordt vanuit het publiek een rookbom gegooid, die achter de trouwkoets terecht-komt en waarvan de halve wereld en in elk geval vrijwel heel Nederland schande spreekt. In die tijd was het immers nog puur majesteitsschennis als je zoiets uithaalde.

In februari 1967 doet D66 voor het eerst mee aan de kamerver-kiezingen. De partij komt in de Tweede Kamer terecht.

Bij de verkiezingen van dit jaar blijkt trouwens dat er een duide-lijke strijd tussen links en rechts aan de gang is. De tijd van de regenten (= autoritaire regeerders) lijkt definitief voorbij. De Partij van de Arbeid verliest veel stemmen, die vooral naar de partij Nieuw Links gaan. Alleen de CPN (Communistische Partij Nederland) en de SGP (Staatkundig Gereformeerde Partij) blij-ven overeind. In oktober vindt de zogeheten nacht van Schmelt-zer plaats, waarbij de katholieke politicus het kabinet Cals naar huis stuurt.

Joke Smit, feministe van het eerste uur, schrijft in het literaire tijdschrift De Gids het manifest 'Het onbehagen bij de vrouw'. Het wordt algemeen beschouwd als het begin van de vrouwen-beweging.

1968 en 1969: Van Kooten, MVM en Reve

Joost den Draayer (Willem van Kooten) stapt op bij Veronica, na een ruzie met programmaleider en de latere *Candlelight*-presentator Jan van Veen over een plaatje dat Joost samen met zanger-platenbaas Peter Koelewijn en platenbaas Freddy Haayen had gemaakt. Het drietal noemde zich De Praatpalen en bracht de single *Ome Sjakie, Die Loopt In Z'n Nakie* uit en dat vond Van Veen bepaald niet goed. Van Kooten probeert zijn gelijk te halen bij Veronica-eigenaren Bull en Dick Verhey, maar daar vangt hij bot. Hij vertrekt naar de VPRO-radio en gaat daar de Top 30 presenteren.

Op de televisie kunnen we genieten van de serie *Ja Zuster, Nee Zuster*, op teksten van Annie M.G. Schmidt en met muziek van Harry Bannink, beiden in de jaren 2000 overleden. De serie, met onder anderen Hetty Blok als kordate verpleegster met Gronings accent, Leen Jongewaard en Donald Jones, wordt een enorm succes. Ondanks het feit dat er in de beeld- en geluidsarchieven niets meer van te vinden is (de banden van de serie zijn nota bene gewist door er nieuwe opnamen overheen te maken!), komt in 2002 toch de gelijknamige musical uit, met Loes Luca in de hoofdrol van Zuster Clivia.

Ook op de televisie in 1968: het jeugdprogramma *Stuif 'Es In*, met Ria Bremer (later van het medische tv-programma 'Vinger aan de pols') als presentatrice. Het wordt een groot succes, de jeugd zit aan de buis gekluisterd bij het uitdelen van de Gouden Stuiver.

In oktober wordt de beweging Man Vrouw Maatschappij (MVM) opgericht. Doel is de bestaande rolpatronen van mannen en vrouwen in de maatschappij opnieuw te bekijken. Of dat is gelukt? Daar wordt heel verschillend over gedacht...

In 1969 ontstaat er een schandaal als de schrijver Gerard Reve het waagt om tijdens de uitreiking van de P.C. Hooftprijs, zo'n beetje de belangrijkste literaire prijs in Nederland en België, de vrouwelijke minister Marga Klompé in de Heilig Hartkerk (tegenwoordig de Vondelkerk) in Amsterdam op haar wang te kussen. Het tekent de situatie van die tijd: het is dan immers ondenkbaar dat een 'gewone' schrijver, en dan ook nog een homoseksuele schrijver, een minister in het openbaar kust.

Eerder al had Reve opzien gebaard door op de televisie met zijn vriend 'Teigetje' in het huwelijk te treden en daarbij de Zangeres Zonder Naam te laten optreden.

5. WETENSCHAP & TECHNIEK, SPORT, MUZIEK, BOEKEN EN FILMS

Als we alle in de jaren zestig uitgebrachte platen, boeken en films in dit boekje zouden moeten onderbrengen, plus alles wat er zich op het gebied van wetenschap & techniek en sport heeft afgespeeld, hadden we minstens het zesvoudige aantal pagina's nodig! Vandaar dat je hieronder weer een keuze vindt uit de belangrijkste wapenfeiten uit die tijd. Niet in elk jaar zijn alle rubrieken vertegenwoordigd.

1960

Wetenschap en techniek
Op 23 januari duikt de bathyscaaf (= een geavanceerde diepzee-duikboot) Trieste naar een recorddiepte van 10.910 meter in de Marianentrog.

Op 1 april wordt de eerste weersatelliet, de *Tiros I*, gelanceerd. In november volgt de *Tiros II*.

De Amerikaanse natuurkundige Theodore H. Maiman bouwt de eerste laser (Light Amplification by Stimulated Emission of Radiation), oftewel versterking van licht door middel van gesti-muleerde emissie van straling. Hij gebruikt een kunstmatige robijnrode cylinder om een lichtstraal te krijgen die zeer intens is en zich nauwelijks verspreidt.

Transistors worden zo klein dat ze op kleine siliconenschijfjes kunnen worden geëtst, waardoor ze geïntegreerde schakelingen kunnen vormen, zodat elke 'chip' het werk van vele transistors kan verrichten.

Een Amerikaanse kernonderzeeër vaart in 84 dagen rond de aarde zonder aan de oppervlakte te komen.

De eerste anti-conceptiepil komt in Amerika op de markt.

Sport

Ada Kok vestigt op de Olympische Spelen een nieuw record op de 200 m vlinderslag. In het begin van dat jaar maken de kunstrijdsters op de schaats Sjoukje Dijkstra en Joan Haanappel furore. Tijdens de achtste Olympische Winterspelen in het Amerikaans Squaw Valley behaalt Sjoukje een zilveren medaille en wordt Joan vijfde. Op de 5000 meter wint Jan Pesman brons.

Muziek

Hou Je Echt Nog Van Mij, Rockin' Billy (Ria Valk), *It's Now Or Never* (Elvis Presley), *Kom Van Dat Dak Af* (Peter Koelewijn).

Films

G.I. Blues met Elvis Presley, *Faja Lobbi* van Herman van der Horst, *Let's Make Love* met Yves Montand en Marilyn Monroe, *Spartacus* met Kirk Douglas, Peter Ustinov en Sir Laurence Olivier, *The Magnificent Seven* met Charles Bronson, James Coburn, Steve McQueen en Yul Brynner.
Nederland: *De Zaak MP* van Bert Haanstra met Albert Mol, *Makkers Staakt Uw Wild Geraas* van Fons Rademakers.

1961

Wetenschap en techniek

De eerste elektronische horloges komen op de markt. Je hoeft ze niet meer op te winden, want ze lopen op batterijtjes.

Het Nederlandse bedrijf Philips introduceert de geluidscassette, een bandje dat op draagbare recorders kan worden afgespeeld. Hieruit ontstaat de muziekcassette, als gedeeltelijke vervanging van de grammofoonplaat, en de gesproken kranten en boeken voor blinden en slechtzienden.

Sport
Anton Geesink doorbreekt als eerste de alleenheerschappij van de Japanners door wereldkampioen judo alle categorieën te worden. In 1964 zal hij bovendien Olympisch kampioen worden.

Muziek
Hit The Road Jack (Ray Charles), *Och Was Ik Maar Bij Moeder Thuis Gebleven* (Johnny Hoes), *Spanish Harlem* (Ben E. King), *The Lion Sleeps Tonight* (The Tokens).

Boeken
Serpentina's Petticoat (Jan Wolkers).

Films
Blue Hawaii en *Wild In The Country*, beide met Elvis Presley. Nederland: *Het Mes* van Fons Rademakers.

1962

Wetenschap en techniek
DNA, desoxyribonucleïnezuur, de drager van alle erfelijke eigenschappen, was al enige tijd min of meer bekend, maar nu maken de Engelsman Francis Crick en de Zuid-Afrikaan Brenner bekend dat ze de structuur van DNA hebben doorgrond en dat ze daarmee de 'genetische code' hebben doorbroken.

Muziek
Janus, Janus, Pak Me Nog Een Keer (Ria Valk), *Tell Me What He*

Said (Helen Shapiro), *Zwei Kleine Italiener* (Conny Froboess), het thema uit de Bond-film *Dr. No* en de titelmuziek van de televisieserie *Dr. Kildare*.

Films
De eerste James Bond-film, *Dr. No*, de klassieke oorlogsfilm *The Longest Day, The Guns Of Navarone*, ook een oorlogsfilm.
Nederland: *Kermis In De Regen* van Kees Brusse, *Rififi in Amsterdam* van John Korporaal.

1963

Wetenschap en techniek
De Amerikaanse wetenschapper Douglas Engelbart vindt de computermuis uit.

Amerikaanse en Engelse wetenschappers bedenken de LED (halfgeleiders die opgloeien als er stroom doorheen wordt geleid), de lichte en supersterke koolstofvezel en het hologram, een methode om met behulp van laserlicht driedimensionale beelden te projecteren.

Sport
Een barre Elfstedentocht. De 31-jarige sportleraar Reinier Paping wint de tocht, die wordt gekenmerkt door felle kou en harde wind, waardoor veel deelnemers half bevroren moeten afhaken; van de 577 wedstrijdrijders blijven er maar 57 over. De elfde Elfstedentocht duurt ook elf uur en veel toerrijders hebben na afloop bevroren vingers, tenen, ogen en andere ledematen. Voor het eerst zendt de NTS (Nederlandse Televisie Stichting) televisiebeelden van de tocht uit.

Muziek
Please, Please Me, From Me To You, I Want To Hold Your Hand,

Love Me Do en *She Loves You* (Beatles), *Bachelor Boy* en *Summer Holiday* (Cliff Richard), *Surfin' USA* (Beach Boys), *Fingertips* (toen nog 'Little' Stevie Wonder).

Boeken
Een Roos Van Vlees en *Gesponnen Suiker* (Jan Wolkers).

Films
Cleopatra met Elizabeth Taylor, Richard Burton en Rex Harrison, weer een Bond-film, *From Russia With Love* met Sean Connery, de eerste *Pink Panther*-film met Peter Sellers als inspecteur Clouseau.

Nederland: *Alleman* van Bert Haanstra, *Als Twee Druppels Water* van Fons Rademakers naar het boek *De Donkere Kamer Van Damocles* van Willem Frederik Hermans.

1964

Sport
Op 29 januari worden de 9de Olympische Winterspelen in het Oostenrijkse Innsbruck geopend. De 18de Olympische Spelen vinden vanaf 10 oktober plaats in Tokio. Het is de eerste keer dat de Spelen in Azië worden gehouden en er worden diverse nieuwe records gevestigd. Judo (Anton Geesink wint goud) en volleybal worden aan het programma toegevoegd en er doen 93 landen mee.

Bokser Cassius Clay verslaat kampioen Sonny Liston en wordt op 22-jarige leeftijd kampioen zwaargewicht. In 1962 heeft Clay zich aangesloten bij de sekte van de Black Muslims en nu gebruikt hij zijn bokstitel om het racisme in Amerika aan de kaak te stellen. Hij verandert zijn naam in Muhammad Ali en weigert zich te melden voor de oorlog in Vietnam, waarna hem zijn titel wordt afgenomen. Van juni 1967 tot februari 1970 bokst hij geen wedstrijden meer, maar vanaf 1970 zal hij de titel nog tweemaal winnen.

Het Internationaal Olympisch Comité sluit Zuid-Afrika van de Olympische Spelen uit vanwege de apartheid. Later verbreekt de internationale gemeenschap alle contacten op sportgebied met het land.

Muziek

Can't Buy Me Love, A Hard Day's Night en I Feel Fine (Beatles), *De Winter Was Lang* en *Mijn Dagboek* (Willeke Alberti), *French Song* (Lucille Starr), *La Mamma* (Corry Brokken) *Tombe La Neige* en *Vous Permettez Monsieur* (Adamo).

Boeken

De Hond Met De Blauwe Tong (Jan Wolkers), *Ik Jan Cremer* (Jan Cremer), volgens sommigen de aanzet tot de acties waarmee Provo's en studenten het verkalkte gezag uitdagen.

Films

Dr. Strangelove met Peter Sellers, *My Fair Lady* met Rex Harrison.

Nederland: *De Avonturen Van Pietje Bell, Mensen Van Morgen* van Kees Brusse, *Spuit Elf* van Paul Cammermans (een van de grootste flops uit de Nederlandse filmgeschiedenis: na één week verdwijnen alle negentien kopieën uit de bioscopen!).

1965

Wetenschap en techniek

De eerste zogenoemde minicomputer wordt in de VS gelanceerd. Het ding heeft een geheugen van 4K en kost 18.000 Amerikaanse dollars. Vergelijk dat maar eens met de computers uit 2002!

Muziek

De singles *Ticket To Ride, Help, Day Tripper* en *We Can Work It Out* en de elpee *Help* (Beatles), *Als Ik De Golven Aan Het Strand Zie* (Ria Valk), *Vanavond Om Kwart Over Zes Ben Ik Vrij* (Willeke Alberti), *Een Meisje Van Zestien* (Boudewijn de Groot), *Een Spel Kaarten* ('cowboy' Gerard de Vries), *Iedere Avond* (Ronnie Tober), *Ik Heb Geen Zin Om Op Te Staan* (Het), *Maria* (Thielman Brothers), *Please Go* (debuutsingle van de Golden Earrings, toen nog met een s), *Ploem Ploem Jenka* (Trea Dobbs), *Sofietje* (Johnny Lion), *Wie Heeft De Sleutel Van De Jukebox Gezien* (Cocktail Trio), *Zeur Niet* (Conny Stuart).

Boeken

Terug Naar Oegstgeest (Jan Wolkers).

Films

The Sound Of Music met Julie Andrews, de Bond-film *Thunderball* met Sean Connery, twee oorlogsfilms: *Von Ryan's Express*, met Frank Sinatra, en *The Heroes Of Telemark*, met Kirk Douglas en Richard Harris.
Nederland: *De Liefde Van Een Blondje* van Milos Forman, *Op De Bodem Van De Hemel* van Jan Vrijman.

1966

Wetenschap en techniek

Een Amerikaanse glasfabrikant introduceert de keramische kookplaat, een plat vlak dat uit warme en koude zones bestaat, die op het vlak worden gemarkeerd en door elektrische elementen eronder verhit.
De Britse wetenschappers Charles Kao en George Hockham ontwikkelen de van optische glasvezels gemaakte telefoonkabel. Via één kabel kunnen nu veel meer telefoonverbindingen worden gemaakt.

Sport

30 juli: het Engelse voetbalelftal wordt wereldkampioen door met 4-2 van het Duitse elftal te winnen, waarbij Geoff Hurst maar liefst driemaal scoort.

Muziek

Paperback Writer/Rain, Yellow Submarine/Eleanor Rigby, Penny Lane/Strawberry Fields Forever (singles met twee A-kanten) en de elpee Revolver (Beatles), *As Tears Go By* en *Paint It Black* (Rolling Stones) en verder platen van de Beach Boys, Bob Dylan, The Kinks, The Mamma's & The Pappa's, The Spencer Davis Group, The Troggs, The Who, Loving Spoonful en Donovan. Voor Nederland: *Welterusten Meneer De President*, (Boudewijn de Groot op tekst van de in 2002 overleden Lennaert Nijgh), *Morgen Ben Ik De Bruid* (Willeke Alberti), *Marian* (The Cats), *The Life I Live* (Q65) en *That Day* (Golden Earrings).

Boeken

Ik Jan Cremer 2 (Jan Cremer), *Nader Tot U* (Gerard Reve).

Films

Op de televisie: de eerste aflevering van *Star Trek*, een science-fictionserie die tientallen jaren op de buis zal blijven, in de USA de eerste aflevering van *The Monkees*, die later ook in ons land zal verschijnen en die gaat over de lotgevallen van een voor deze serie samengestelde popgroep.

Op filmgebied verschijnt het derde deel van de Franse *Angélique*-serie, *Barbarella*, sf-achtige film met een bijna blote Jane Fonda en *Dr. Zhivago*.

Nederland: *De Stem Van Het Water* van Bert Haanstra, *Het Gangstermeisje* van Frans Weisz.

1967

Wetenschap en techniek
In het Grote-Schuurziekenhuis in Zuid-Afrika voert de chirurg Christiaan Barnard de eerste harttransplantatie op een mens uit. De patiënt, Louis Washkansky, overlijdt echter achttien dagen later aan een longontsteking.

Muziek
Dit is een bijzonder productief muziekjaar: *All You Need Is Love/Baby You're A Rich Man, Hello Goodbye/I Am The Walrus*, twee EP's (Extended Play, singles met vier songs erop) met songs uit de film *Magical Mystery Tour* (zie hierna) en de elpee *Sergeant Pepper's Lonely Hearts Club Band* (Beatles), *A Little Bit Of Me* (The Monkees), *A Whiter Shade Of Pale* (Procol Harum), *The Days Of Early Spencer* (David McWilliams), *Waterloo Sunset* (The Kinks), *Hey Joe* (Jimi Hendrix), *Light My Fire* (The Doors), *Massachussets* en *Spicks & Specks* (Bee Gees), *Sittin' On The Dock Of The Bay* (Otis Redding), *Ben Ik Te Min?* en *Blommenkinders* (Armand), *Dans Je De Hele Nacht Met Mij* (Karin Kent), *Je Bent Niet Hip* (Patricia Paay), *Sure He's A Cat* (The Cats), *Waarom Heb Jij Me Laten Staan* (Heikrekels).

Boeken
Honderd Jaar Eenzaamheid (Gabriel García Márquez), *De Vervalsers* (Theo Kars), *Joris Ockeloen En Het Wachten* (Jeroen Brouwer).

Films
Astérix En De Helden, Bonny And Clyde van Arthur Penn, met Faye Dunaway en Warren Beatty, *Magical Mystery Tour* met de Beatles.

1968

Wetenschap en techniek
Op 31 juli gaat de eerste reguliere veerdienst per hovercraft over het Kanaal van start.

De ongerustheid over milieuvervuiling neemt toe, nadat miljoenen vissen in de Rijn doodgaan door lekke vaten met het insecticide Thiodan 2, die in 1967 in de rivier zijn gegooid. In 1968 ontsnapt zenuwgas op een Amerikaanse legerbasis in Utah, waardoor 6000 schapen worden gedood. Japan maakt melding van cadmiumvergiftiging, Texas van kwikvergiftiging en in Arizona wordt DDT in moedermelk gevonden.

Sport
Op 6 februari worden in het Franse Grenoble de 10de Winterspelen geopend. De Nederlandse schaatsers Carry Geyssen, Ans Schut en Kees Verkerk zijn alle drie goed voor goud.

Jan Jansen wint de Tour de France.

Op 12 oktober gaan in Mexico-Stad de 19de Olympische Spelen van start. Er worden 34 wereldrecords en 38 Olympische records gevestigd. Hardlopers Tommy Smith en John Carlos brengen met een geheven gehandschoende vuist en met gebogen hoofd op het erepodium een groet aan de Black-Power-beweging; het Amerikaanse team stuurt deze winnaars van de 200 meter naar huis, maar de hele wereld heeft het gebaar gezien. Voor het eerst laat de Amerikaanse hoogspringer Dick Fosbury zijn revolutionaire sprong Fosbury Flop zien.

Muziek
A Day In A Life, Lady Madonna en *The Inner Light* (Beatles). *While My Guitar Gently Weeps* (solo-single van de in 2002 over-

leden Beatle George Harrison), *All Along The Watchtower* (Jimi Hendrix), *Born To Be Wild* (Steppenwolf), *Cloud Nine* (The Temptations), *Congratulations* (Cliff Richard), *Delilah* (Tom Jones), *Eloise* (Barry Ryan), *John Wesley Harding* (Bob Dylan), *Jumpin' Jack Flash* (Rolling Stones), *Nights In White Satin* (Moody Blues), *MacArthur Park* (Richard Harris), *Need Your Love So Bad* (Fleetwood Mac), *Tears Of A Clown* (Smokey Robinson), *What A Wonderful World* (Louis Armstrong), *De Glimlach Van Een Kind* (Willy Alberti), *Ich Bau Dir Ein Schloss* (Heintje), *Kom Uit De Bedstee M'n Liefste* (Egbert Douwe, waarachter zich de latere Veronica-baas Rob Out verschuilt).

Boeken
Sjakie En De Chocoladefabriek (Roald Dahl).

Films
Monterey Pop (het verslag van het beroemde popfestival), de musical *Oliver!* naar het boek *Oliver Twist* van Charles Dickens, *Rosemary's Baby* van Roman Polanski, met Mia Farrow, *Planet Of The Apes* van Franklin J. Schaffner.

1969

Wetenschap en techniek
Op 9 februari maakt de Boeing 747, het grootste vliegtuig ter wereld, zijn eerste vlucht. Het vliegtuig krijgt de bijnaam *jumbo-jet* en kan 362 passagiers vervoeren.

Op 2 maart maakt de Brits-Franse Concorde, het eerste supersonische verkeersvliegtuig, zijn eerste vlucht.

Sport
Op 13 juli leiden rellen om een voetbalwedstrijd tot een oorlog tussen Honduras en San Salvador. Hondurese burgers vallen in

Honduras Salvadoranen aan, nadat El Salvador een kwalificatie-
wedstrijd voor het wereldkampioenschap voetbal in Mexico
heeft gewonnen. De regering van El Salvador valt hierop
Honduras binnen; de gevechten duren een week.

Aan het einde van de jaren zestig, begin jaren zeventig viert
Nederland vele triomfen bij het schaatsen. Namen als Ard
Schenk, Kees Verkerk, Jan Bols, Stien Kaiser, Carry Geijssen en
Ans Schut worden beroemd in de hele wereld.

Muziek

Ook weer een druk muziekjaar: *A Boy Named Sue* (Johnny
Cash), *Behind A Painted Smile* (Isley Brothers), *Hair* (Zen),
Honky Tonk Woman en *You Can't Get Always What You Want*
(Rolling Stones), *I Want You Back* (Jackson Five), *In The Ghetto*
(Elvis Presley), *Is That All There Is* (Peggy Lee), *Je t'Aime Moi
Non Plus* (Serge Gainsbourg & Jane Birkin), *Lay Down* (Melanie),
Lay Lady Lay (Bob Dylan), *Pinball Wizard* (The Who), *She's
Not There* (Colin Blunstone), *Someday We'll Be Together* (Diana
Ross & The Supremes), *Suspicious Minds* (Elvis Presley), *Space
Oddity* (David Bowie), *Another 45 Miles* (Golden Earring), *De
Troubadour* (Lenny Kuhr), *Een Broekje In De Branding*
(Gerard Cox), *Een Reisje Langs De Rijn* (Willy en Willeke
Alberti), *Little Green Bag* (George Baker Selection), *Ma Belle
Amie* (Tee Set, waarvan zanger Peter Tetteroo in 2002 overleed),
Mexico (Zangeres Zonder Naam), *Mighty Joe* en *Venus*
(Shocking Blue), *Na De Seksuele Revolutie* (Adèle Bloemen-
daal), *O Waterlooplein* (Johnny Kraaykamp & Rijk de Gooyer),
Oei Oei Oei (dat was me weer een loei) (Johan Cruyff), *Ridin'
On The L&N* (Bintangs).

Boeken

Een Heer Moet Alles Alleen Doen (Marten Toonder), de eerste
van een serie met de avonturen van Heer Bommel en Tom Poes,

en nog een eerste deel: *Het Koninkrijk Der Nederlanden In De Tweede Wereldoorlog* (dr. Lou de Jong), *Waren De Goden Kosmonauten?* (Erich von Däniken).

Films

Easy Rider, met Peter Fonda, Dennis Hopper en Jack Nicholson, *Midnight Cowboy* van John Schlesinger, *Zabriskie Point* van Michelangelo Antonioni, *On Her Majesty's Secret Service* een James Bond-film met George Lazenby en Telly Savalas, *Once Upon A Time In The West* van Sergio Leone met Claudia Cardinale en met de onsterfelijke (en nog steeds gespeelde) muziek van Ennio Morricone.

Nog meer informatie:

De eindeloze jaren zestig – Geschiedenis van een generatieconflict, Hans Rigthart. Uitgeverij De Arbeiderspers, ISBN 90 2953 471 0.

Een tevreden natie – Nederland van 1945 tot nu, Maarten van Rossum e.a. Uitgeverij Tirion, ISBN 90 5121 383 2.

Jong in de jaren '60, Paul Damen. Uitgeverij Kosmos, ISBN 90 2151 903 8.

Lage landen, hoge sprongen – Nederland in beweging 1898-1998, Jos van der Lans en H. Vuijsje. Uitgeverij Inmerc, ISBN 90 6611 385 5.

Mode uit de zestiger jaren, Yvonne Connikie. Uitgeverij Dahlgaard Media, ISBN 90 5666 003 9.

Nederland in de jaren zestig, Bernard en Hanneke van den Berg. Uitgeverij Elmar, ISBN 90 3890 157 7.

Nederland in de 20ste eeuw. Uitgeverij Teleac, ISBN 90 6533 401 7.

Sixties Source Book, Nigel Cawthorne. Uitgeverij Virgin, ISBN 1 85227 081 0.

Weet je nog wel – De jaren 60, Gerard Harmans. Uitgeverij M & P, ISBN 90 6590 533 2.

Wilde jaren – Een eeuw jeugdcultuur, Tom ter Bogt (red.). Uitgeverij Lemma, ISBN 90 5189 827 4.

Bronnen voor dit boekje:

75 Jaar nieuws – Hoogtepunten uit de Nederlandse dagbladpers. Uitgeverij Elsevier,

De geïllustreerde geschiedenis van de 20^e eeuw – Maand tot maand, jaar tot jaar, Simone Adams e.a., vertaling uit het Engels Anda Witsenburg, fotografie Anne Hobart Lang. Nederlandse uitgave: Uitgeverij Rebo, ISBN 90 3661 260 8.

De jaren 60, red. J. Ankum-Houwink e.a., Oosthoek decennium serie. Uitgeverij Oosthoek, ISBN 90 6046 293 9.

De terugkeer van Midden-Europa – Historische atlas 1914-1995. Uitgave De Volkskrant.

Hippies, Marcel Hansink. AO (Actuele Onderwerpen) BV, (AO

no. 2666).

Jeugd in beweging, Friedrich Heer (Grote stromingen der 20ᵉ eeuw – nr. 4). Uitgeverij Gaade, ISBN 90 6017 202 7.

Jong! – jongerencultuur en stijl in Nederland 1950-2000, red. Kitty de Leeuw e.a. Uitgeverij Waanders, ISBN 90 4009 385 7.

Onze jaren 45-70: 25 jaar wereldgeschiedenis, deel 6, de wereld na 1945; geschiedenis van de eigen tijd, red. A.F.Manning e.a. Uitgeverij Het Spectrum, 1974.

Van de straat – Een beeld van 150 jaar jeugdcultuur in Nederland, red. Klaartje Sweizer e.a. Academische Uitgeverij, ISBN 90 5256 071 4.

Van nul tot nu – Deel 4, De vaderlandse geschiedenis vanaf 1940, Thom Roep en Co Loerakker. Uitgeverij Big Balloon, ISBN 90 5425 683 4.

Internet: www.terugblik.com.